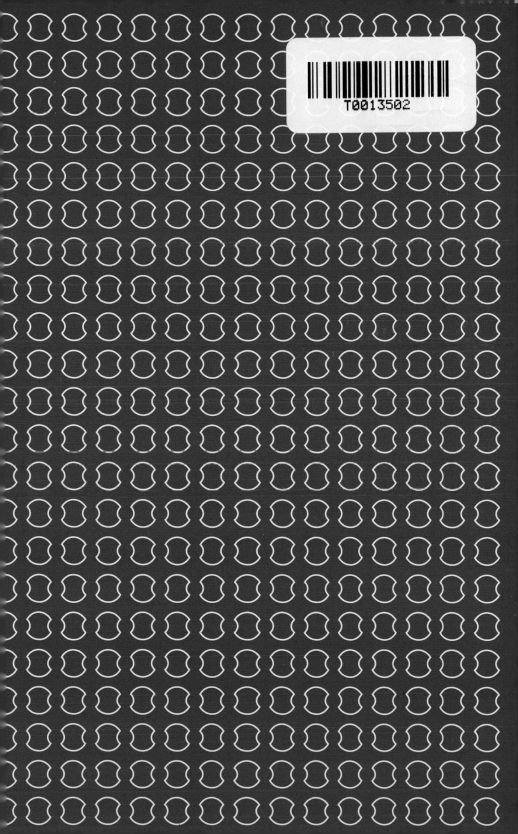

Clausener, Magali
    4. Psicología del adolescente I. Azam, Jacques, ilustrador. II. Fonseca.
-- Bogotá : Panamericana Editorial, 2016.
    116 páginas : ilustraciones ; 22 cm.
    Título original : Sexualité ze big question.
    ISBN 978-958-30- 5234-7
Educación sexual 2. Sexualidad - Enseñanza 3. Educación para la vida familiar
4. Psicología del adolescente I. Azam, Jacques, ilustrador II. Fonseca Leal,
Raquel Mireya, editora. III. Tít.
612.6 cd 21 ed.
A1535237

            CEP-Banco de la República-Biblioteca Luis Ángel Arango

SEXUALIDAD,

la gran pregunta

Primera edición en Panamericana Editorial Ltda.,
agosto de 2016
Título original: *Sexualité, ze big question*
© 2002, De La Martinière Jeunesse, una división de
La Martinière Groupe, París, para la primera edición.
© 2014, De La Martinière Jeunesse, una división de
La Martinière Groupe, París, para esta edición.
© 2016 Panamericana Editorial Ltda.,
de la versión en español
Calle 12 No. 34-30. Tel.: 3649000
Fax: (57 1) 2373805
www.panamericanaeditorial.com
Tienda virtual: www.panamericana.com.co
Bogotá D. C., Colombia

Editor
Panamericana Editorial Ltda.
Edición
Raquel Mireya Fonseca Leal
Traducción del francés
Jorge Eduardo Salgar Restrepo
Diagramación
La Piragua Editores
Diseño de carátula
Jacques Azam

ISBN 978-958-30-5234-7

Impreso por Panamericana Formas e Impresos S A.
Calle 65 No. 95-28. Tels.: (57 1) 4302110 - 4300355, Fax: (57 1) 2763008
Bogotá D. C., Colombia
Quien solo actúa como impresor
Impreso en Colombia - *Printed in Colombia*

Magali Clausener

SEXUALIDAD, la gran pregunta

Ilustraciones: Jacques Azam
Traducción: Jorge Eduardo Salgar Restrepo

PANAMERICANA
EDITORIAL
Colombia • México • Perú

Capítulo 3: Es muy bueno el amor 67

Capítulo 4: La aventura continúa 103

¡Todo lo que siempre quisiste saber sobre la sexualidad!

Todas esas preguntas los atormentan. Desde hace unos meses su cuerpo se transforma. En las niñas, crecen los senos. En los muchachos, los vellos aparecen en el torso. La pubertad comienza, una etapa en la que su cuerpo cambia. Se vuelven una mujer y un hombre. Tienen nuevas sensaciones, nuevos deseos. Sobre todo, descubren su sexo. Y se interrogan sobre la definición de algunas palabras: sexualidad, eyaculación, masturbación, orgasmo. Tienen ganas de saber un poco más sobre lo que sucede "realmente" entre un hombre y una mujer que hacen el amor. Pero es difícil hablar con los adultos, incluso con los padres. ¡Sus amigos no tienen una respuesta para todo! Y, además, las palabras no son fáciles de encontrar…

Por esta razón decidimos hacer este libro. Para responder a las preguntas que terminan por volverse una obsesión. Para ayudarles a comprender lo que sucede en sus cuerpos. En fin, para explicarles claramente y sin juzgar qué es la sexualidad, la cual puede ser su sexualidad.

Capítulo

1

¿Qué significa hacer el amor?

Pipí + Cuquita = Bebé

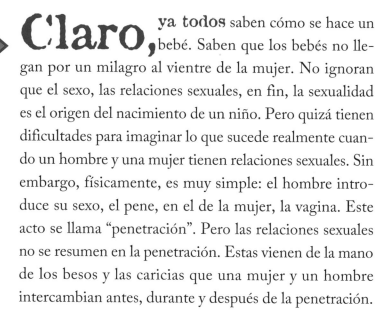

Claro, ya todos saben cómo se hace un bebé. Saben que los bebés no llegan por un milagro al vientre de la mujer. No ignoran que el sexo, las relaciones sexuales, en fin, la sexualidad es el origen del nacimiento de un niño. Pero quizá tienen dificultades para imaginar lo que sucede realmente cuando un hombre y una mujer tienen relaciones sexuales. Sin embargo, físicamente, es muy simple: el hombre introduce su sexo, el pene, en el de la mujer, la vagina. Este acto se llama "penetración". Pero las relaciones sexuales no se resumen en la penetración. Estas vienen de la mano de los besos y las caricias que una mujer y un hombre intercambian antes, durante y después de la penetración.

Las relaciones sexuales son importantes, porque dan placer, porque permiten a dos seres humanos "decirse" físicamente que se aman y tener otra forma de diálogo. Por ello, no es por azar que escuchan mucho hablar de sexualidad y de sexo alrededor de ustedes. Pero estas relaciones son igualmente esenciales, porque permiten a los seres humanos reproducirse y tener hijos. De hecho, es muy simple: sin relaciones sexuales, no hay reproducción, no hay nacimiento, no hay hijos, y no hay vida.

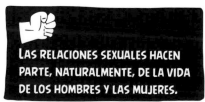

LAS RELACIONES SEXUALES HACEN PARTE, NATURALMENTE, DE LA VIDA DE LOS HOMBRES Y LAS MUJERES.

Oh, sí, sí, sí, sí, sí...

Todo sucede acá.

¡Auxilio, mis padres hacen el amor!

Cuando un hombre y una mujer quieren tener un hijo, se trata en general de una verdadera decisión. Desean un hijo, porque se aman, porque quieren seguir su historia de amor más allá de sus cuerpos, más allá de su vida. Quieren que sea su turno de crear vida. Se comportan así porque quieren "reproducirse", fabricar otro ser humano. Pero también desean hijos por razones que a veces no

sospechamos: para afirmarse como padres a la vista de sus propios padres, para crear una historia con su hijo, diferente de la que ellos vivieron con sus padres…

Por todas estas razones, evidentes o inconscientes, concebir un hijo se parece a una verdadera aventura para un hombre y una mujer. Una aventura que comienza en el interior de sus propios cuerpos…

En la vida, ustedes perciben muy rápido que los encuentros tienen un papel muy importante. Ustedes mismos nacieron de un encuentro en particular: aquel de su padre con su madre. Mejor aún: fueron concebidos gracias a un encuentro extraordinario: el de un óvulo y un espermatozoide.

Estas dos células microscópicas viven una verdadera aventura. Y para descubrirla, debemos sumergirnos en el interior del cuerpo humano.

¡EN LA PUBERTAD, LAS HORMONAS SE DESPIERTAN DE GOLPE!

¿Qué sucede acá?

En esta aventura extraordinaria, el personaje femenino es el óvulo. El óvulo es la célula sexual de la mujer. O, más bien, una de las células sexuales: desde el nacimiento, de 300 000 a 400 000 óvulos están guardados en los dos ovarios de la mujer. Todos estos óvulos se "esconden" en unas bolsitas llamadas folículos. Hasta la pubertad, los óvulos permanecen en el interior de los ovarios como si estuvieran inmersos en un profundo sueño.

Pero la pubertad hace sonar un divertido despertador. Las hormonas desatan un mecanismo muy particular: el ciclo menstrual. Es una etapa que dura, en general, 28 días y se renueva regularmente. A partir de ese momento, los óvulos se "despiertan". En cada ciclo, un óvulo madura, es decir que crece y se desarrolla en uno de los dos ovarios. Una vez llegados a la madurez, el óvulo surge desde su folículo y se separa del ovario. Esto es la ovulación. Separado del ovario, el óvulo es recibido en el "pabellón" de una de las dos trompas de Falopio, los pequeños canales que unen cada ovario al útero.

Para el óvulo, la verdadera gran aventura comienza. Es allí, en ese largo y estrecho conducto que lleva al útero, donde el óvulo puede encontrar el espermatozoide de su vida

¡Hay un mundo ahí adentro!

El **espermatozoide** es la célula sexual del hombre. Es fabricado, junto con otros millones de espermatozoides, en los dos testículos del hombre. Como el óvulo en la mujer, el espermatozoide debe "madurar". Para ello, efectúa un largo trayecto que empieza en unos tubos muy finos llamados túbulos seminíferos y luego viajan por un conducto muy largo, llamado epidídimo. Después de realizar este viaje, el espermatozoide sale del testículo por medio del conducto deferente. Este conducto penetra el abdomen y llega hasta las vesículas seminales, que están al lado de la próstata. Es allí, donde los millones de espermatozoides llegan y viven en un líquido llamado esperma. Esperan la eyaculación.

La eyaculación es un momento muy importante: es el instante preciso en el cual los espermatozoides bañados de esperma son expulsados del pene del hombre. Luego, pueden penetrar el interior del cuerpo de la mujer.

Ovarios y hormonas

Ovarios: son las dos glándulas sexuales de la mujer donde se forman los óvulos. Los ovarios también producen las hormonas sexuales.
Hormonas: son las sustancias químicas fabricadas por algunas glándulas del cuerpo, como los ovarios o la hipófisis. Las hormonas circulan en la sangre y actúan en el funcionamiento del cuerpo.

— ¿Qué significa hacer el amor? —

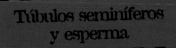

Túbulos seminíferos: estos tubos muy finos, pegados los unos contra los otros, forman los testículos. Miden entre 30 y 175 centímetros y desembocan en un largo conducto llamado epidídimo. El epidídimo es el que lleva los espermatozoides en el conducto deferente hacia las vesículas seminales.
Esperma: es fabricado por las vesículas seminales. Este líquido alimenta los espermatozoides y los ayuda a desplazarse.

¡Hola!

18

El retador
Trompa de Falopio
Los contrincantes
Los decepcionados

¡Que gane el mejor!

En este momento de la historia, el óvulo y el espermatozoide van a encontrarse pronto, pues aún están en su hogar: el primero en la trompa de Falopio, el segundo en una vesícula seminal. Afortunadamente, para ellos, la historia se acelera. La mujer, en quien el óvulo espera ser fecundado, está en los brazos del hombre, en quien el espermatozoide espera ser propulsado. El hombre y la mujer se aman. Se aman tanto que han decidido tener un hijo. Van a hacer el amor. Al hacer el amor, el hombre introduce su pene en la vagina de la mujer. Cuando el hombre eyacula, ¡expulsa de 180 a 300 millones de espermatozoides dentro del cuerpo de la mujer!

Estos millones de células se encuentran propulsados en la vagina de la mujer, cerca de la entrada del útero. ¡Es una gran batalla! Pero la naturaleza lo ha previsto todo. Los espermatozoides tienen una larga cola, llamada flagelo, que les permite desplazarse rápidamente. De esa forma, avanzan en el útero con un solo objetivo: unirse al único óvulo que espera, en lo alto, en la trompa de Falopio. Para llegar hasta allí, los espermatozoides deben pasar por el útero y avanzar hacia la trompa

CUANDO EL HOMBRE EYACULA, ¡LOS ESPERMATOZOIDES TIENEN UNA CARRERA CONTRARRELOJ!

de Falopio. Una verdadera maratón: ¡deben recorrer entre 15 y 18 centímetros a una velocidad de 2 a 3 milímetros por minuto! Millones de espermatozoides, cansados o con poca fuerza, abandonan desde el comienzo esta carrera loca por el útero. Otros se pierden y son eliminados por no haber podido encontrar la entrada de la trompa de Falopio. Los últimos se apuran, pues, el tiempo corre. El óvulo no sobrevive más de 24 horas. Por tanto, los espermatozoides pueden vivir en el útero hasta 3 días.

De repente, las centenas de espermatozoides que aún trepan la trompa de Falopio se encuentran cara a cara con una enorme célula: ¡el óvulo! ¿La victoria se acerca? Todavía no. Pues de entre todos los espermatozoides que rodean, vibrantes, el óvulo tan cotizado, solo uno podrá penetrarlo y fecundarlo.

¡Listo! Un espermatozoide logró el objetivo: ahí va entrando en el óvulo. ¡Tuvieron poca suerte los otros que se quedaron en la puerta! Van a morir. La maratón ha terminado. Duró en total dos horas.

¡QUIEN LLEGÓ PRIMERO, GANA!

¿Cuál es la tal historia del huevo?

A **partir de ahora,** al ser el óvulo fecundado por el espermatozoide, se forma lo que llamamos el huevo. En efecto, el núcleo que estaba en el centro del espermatozoide se unió al núcleo del óvulo, lo cual quiere decir que ambos núcleos se fusionaron en uno solo. En tres o cuatro días, el huevo va a llegar al útero y allá se fijará.

Allí, un pequeño nido abollonado lo espera: la mucosa uterina. La mucosa se formó para recibir y alimentar el huevo. Para ello, se espesa al llenarse de sangre gracias a sus numerosos vasos sanguíneos. Ahora, bien cuidado, el huevo podrá desarrollarse y convertirse, en nueve meses, en un bebé.

A veces, el encuentro entre el óvulo y el espermatozoide no se produce como se pensaba por diversas razones: la ovulación no tuvo lugar, las trompas de Falopio están malformadas o dañadas, los espermatozoides no soy muy numerosos o no lo suficientemente rápidos. Entonces hablamos de esterilidad. Hoy, la medicina puede ayudar a las parejas que tienen problemas de esterilidad a concebir, al menos, un hijo. Cuando la mujer es estéril, uno de los métodos es la fecundación *in vitro*.

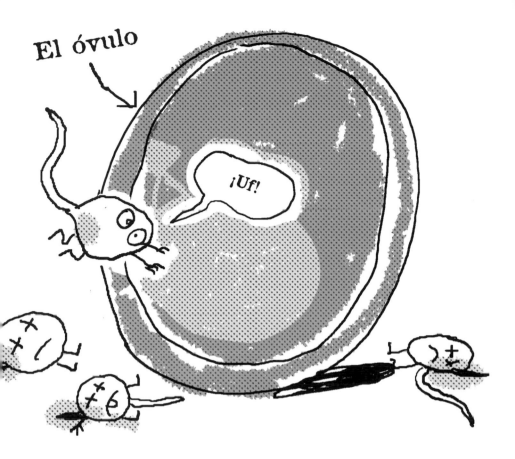

El óvulo

¡Uf!

Si el hombre es estéril, porque sus espermatozoides son insuficientes o anormales, la pareja puede recurrir a la inseminación artificial, lo cual significa que el médico va a utilizar el esperma de otro hombre para fecundar los óvulos de la mujer. Para ello, el médico recurre a un banco de semen. Estos son organismos donde los hombres vienen a donar su esperma para aquellos que tienen problemas de esterilidad. Debido a que la mujer ovula normalmente, el médico inyectará el esperma del donante en su vagina para que la fecundación se produzca naturalmente.

23

El principio es simple: debido a que el óvulo y el espermatozoide no pueden encontrarse naturalmente, un médico va a "organizar" este encuentro en una probeta, es decir, en un tubo de vidrio. El médico ya ha tomado varios óvulos del ovario de la mujer y, luego, le pide al hombre llevar el esperma que contiene los espermatozoides. Al final, reúne estos y los óvulos en la probeta y, de esa forma, la fecundación tiene lugar. Los huevos obtenidos son colocados en el útero de la mujer para que pueda llevar un buen embarazo.

Este vientre es mi madre

Puede suceder que algunas mujeres estériles necesiten a otras mujeres para que tengan un bebé en su lugar. Estas otras mujeres se llaman madres portadoras. Estas conciben un bebé con su marido o, incluso, con el marido de la mujer estéril. Ellas lo portan durante nueve meses y, después de dar a luz, le dan el bebé a la pareja estéril. Esta situación es, en general, muy complicada. La madre portadora no quiere, algunas veces, separarse de su bebé para siempre. Puede suceder que lo quiera conservar para ella. Otro inconveniente de este sistema: el niño tiene dos madres.

Una madre biológica que lo concibió y una madre de adopción. Algo que no será nada fácil de explicarle años más tarde. Finalmente, estas madres portadoras no actúan solo por generosidad, para ayudar a una pareja que no puede tener un hijo. Lo hacen para ganar dinero.

¿LA VIDA DE UN BEBÉ
TIENE PRECIO?

26

En los Estados Unidos las parejas le dan dinero a la madre portadora para que pueda vivir cómodamente durante el embarazo. Es como comprar un niño. ¿Pero cuál es el precio de un bebé? ¿Cuál es el precio de la vida? En Francia, los médicos y los diputados de la Asamblea Nacional respondieron a esta pregunta diciendo que los bebés no tienen precio. Por ello, en Francia, está prohibido el sistema de las madres portadoras.

Estoy bien adentro

Regresemos a nuestro huevo, que

está incrustado en el útero. Cualquiera que sea el método utilizado para ser concebido, su objetivo es desarrollarse para convertirse en un ser humano. En total, se necesitarán 39 semanas o 9 meses para tomar forma, crecer y engordar.

En un comienzo, el huevo está constituido por dos células. Estas dos células se dividen para formar cuatro. Luego las cuatro se dividen a su turno en ocho. Y así continúa. Como ese grupo de células aún no tiene una forma muy humana, los médicos lo llaman embrión.

En efecto, el embrión se parece a un frijol, con cuatro pequeñas jorobas, que más tarde se volverán los brazos y las piernas. Podemos distinguir fácilmente la columna vertebral, pero aún no vemos la cabeza.

El embrión flota en un líquido llamado líquido amniótico, que lo protege de los golpes exteriores y de los microbios. El embrión se alimenta gracias a la placenta. La placenta es un órgano plano que se parece un poco a un pastel. Se sitúa contra la pared del útero y se desarrolla al mismo tiempo que el futuro bebé. El embrión está unido a la placenta por el cordón umbilical. Con el paso de los meses, el embrión va a crecer, engordar y volverse un bebé.

Bebé a la vista

Claro, todas esas etapas suceden en secreto en el vientre materno. La única manera de observar el desarrollo de un bebé es utilizando la ecografía. Este método permite ver, sobre una pantalla, al bebé en el vientre materno. En Francia, es obligatorio hacerse tres ecografías: una en cada trimestre del embarazo que no representan ningún peligro. Permiten verificar que los diferentes momentos del embarazo se desarrollan normalmente y que el bebé no presente anomalías graves.

LA ECOGRAFÍA ES UN MÉTODO DE EXPLORACIÓN QUE UTILIZA LOS ULTRASONIDOS.

28

Otros exámenes son, igualmente, practicados para vigilar la salud de la futura madre y del feto: análisis de sangre y controles de la tensión.

En algunos casos, el médico puede practicar una amniocentesis. La amniocentesis consiste en tomar una muestra del líquido amniótico del vientre materno. El análisis de este líquido permite descartar las enfermedades genéticas del niño, como la trisomía o la fibrosis quística.

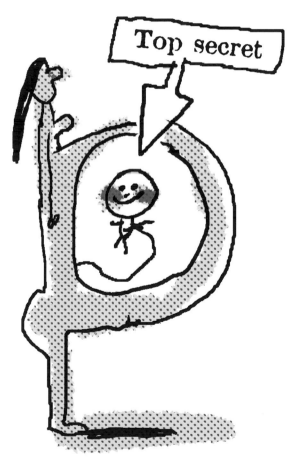

— ¿Qué significa hacer el amor? —

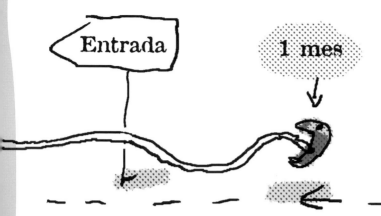

En el mes 1, el embrión mide 20 milímetros. Su corazón ya late.

En el mes 2, el embrión pesa entre 8 gramos y mide entre 3 centímetros. Empiezan a formarse lo que luego serán el estómago, los intestinos y el aparato urinario, y los rudimentos de los dedos de las manos y pies. Los ojos son visibles en el rostro.

En el mes 3, el embrión, que ya mide 8 centímetros y pesa 30 gramos, toma su forma humana. Se vuelve un feto. Su rostro es visible, sus miembros también. Los órganos sexuales se desarrollan.

En el mes 4, el feto mide 20 centímetros y pesa 100 gramos. Cada vez se mueve más. ¡La madre puede sentir sus travesuras!

En el mes 5, el bebé mide 30 centímetros y pesa 350 gramos. Su cerebro crecerá 90 gramos cada mes.

En el mes 6, el feto, de 37 centímetros de largo, pesa 800 gramos. Su rostro se dibuja realmente:

las cejas son claras, su nariz tiene un contorno claro, su cuello se separa. El bebé chupa su dedo. Ya puede tener hipo.

En el mes 7, el bebé pesa al menos 1.5 kilogramos y mide 42 centímetros. Desde el exterior se le puede ver moverse: al menor de sus movimientos, se ven olas en la superficie del vientre de su madre. En este punto, el bebé escucha los ruidos externos. Cuando nazca, podrá reconocer la voz de sus padres.

En el mes 8, con sus 2,5 kilos y sus 47 centímetros, el bebé ya está casi listo para venir al mundo. Se da vuelta para prepararse a salir del vientre materno. Ya tiene la cabeza hacia abajo.

En el mes 9, el bebé pesa en promedio 3 kilogramos y mide alrededor de 50 centímetros. Se siente estrecho en el vientre materno. ¡Es el momento para que vea el mundo exterior y mostrar su carita a sus padres!

La fibrosis quística

La fibrosis quística es una enfermedad que toca los pulmones. En cada uno de nosotros, el cuerpo produce una sustancia, el mucus, que detiene el polvo y los microbios en los pulmones. En los enfermos por la fibrosis quística, el mucus se produce en gran cantidad e invade los pulmones. Los enfermos tienen, entonces, dificultades para respirar.

La trisomía

Uno de los efectos de la trisomía es el síndrome de Down. Un niño trisómico tiene un rostro particular. Su trastorno le impide desarrollarse normalmente con el paso de los años. Por ejemplo, el niño tendrá dificultades para hablar y hacer algunos gestos cotidianos, como vestirse, comer o ir solo a un lugar preciso.

¡1, 2, 3, pujen!

Terminemos nuestra historia que comenzó hace ocho meses y tres semanas. El bebé y la madre están bien. El gran día se acerca. El bebé solo tiene un objetivo: salir del vientre de su madre. Para ayudarlo, el cuerpo de la madre también se preparó a lo largo de estos meses. Los huesos de la pelvis se "suavizaron". Tranquilos, no se volvieron como goma de mascar. Sin embargo, adquirieron una suavidad para que la pelvis pueda extenderse mientras el bebé pasa.

Pero es en el día decisivo cuando el cuerpo de la mujer va a sufrir las modificaciones por el nacimiento del bebé. ¿Cómo se sabe que el gran momento llegó? Simplemente porque el cuerpo de la mujer recibe señales que no engañan: las contracciones y la ruptura de la fuente.

Las contracciones son provocadas por el útero, el cual se endurece de manera más o menos regular. Cuando las contracciones se vuelven muy seguidas y dolorosas, la madre y los médicos saben que el nacimiento se acerca. La ruptura de la fuente puede suceder al mismo tiempo. Bajo el efecto de las contracciones, la "bolsa" que contenían el líquido y el bebé se rompe. El líquido se filtra por la vagina.

GRACIAS A LAS CONTRACCIONES, EL ÚTERO EMPUJA AL BEBÉ HACIA LA SALIDA.

34

Qué bien, un bebé

De hecho, todo el cuerpo trabaja para que el bebé pueda salir del vientre materno. Gracias a las contracciones, el cuello uterino, que estaba muy firme durante el embarazo, va a abrirse poco a poco para dejarle libre el camino al bebé. Esta etapa dura varias horas, el tiempo necesario para que la madre vaya al hospital y la instalen en un cuarto especial. Allí encuentra al médico, quien le ayudará a dar a luz. Cuando el cuello uterino está totalmente abierto, el bebé comienza a salir por el útero; primero la cabeza. Aprovechando cada contracción, se mete entero en la vagina. Para ayudarlo a progresar, la madre puja regularmente. En último lugar, la cabeza del bebé aparece en la entrada de la vagina. El médico ayuda, entonces, al bebé para que salga completamente.

La fuente

El bebé se encuentra en una bolsa o saco, la cual llamamos la "bolsa de agua", en la cual nada hasta el nacimiento. Se dice que se rompe la fuente cuando esta bolsa se raja y el líquido, en el cual el bebé vivió durante 9 meses, se filtra.

35

¡Listo! El bebé llora: ¡respira el aire por primera vez en su vida! Se corta el cordón umbilical, lavan al bebé, lo pesan y verifican que esté en plena forma. Y, claro, se lo entregan a su madre. El padre también está allí.

Pero, silencio... dejémoslo saborear la felicidad y salgamos en la punta de los pies.

En la cuna transparente de la sala de maternidad, el bebé duerme tranquilo. Este bebé es único. Niña o niño, ningún otro bebé se parece a él. Crecerá día a día. Se convertirá en una mujer, en un hombre, que tendrá relaciones sexuales, y quizá un hijo. Solo de esta manera la aventura de la vida puede continuar.

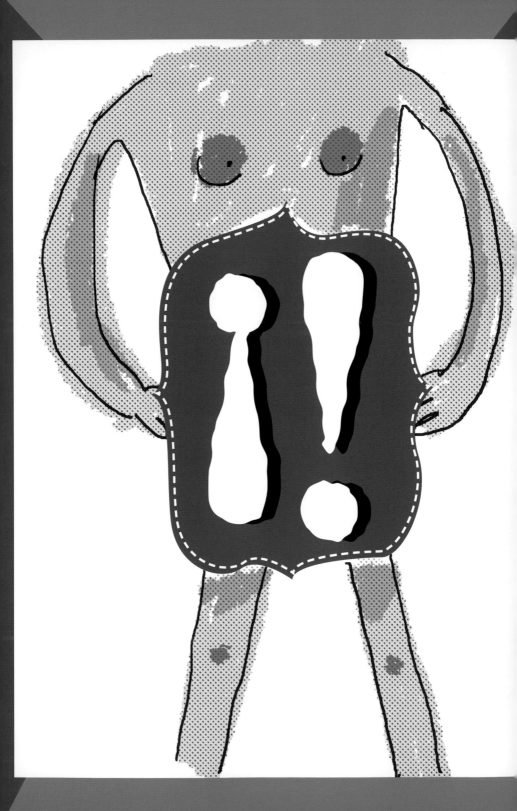

Capítulo

Todos tenemos un sexo

Bienvenido a la tierra desconocida

Antes

tocaba empujarlos para que entraran a bañarse. Ahora pasan horas mirando su nuevo cuerpo frente al espejo.

Ya no saben dónde están. Sus senos han crecido tanto que los tapan bajo grandes camisas. O a la inversa, ustedes encuentran que no crecen tan rápido en comparación a sus amigas. Se hacen mil y una preguntas: "¿por qué aún no tengo el periodo?", "¿qué es ese líquido transparente que sale de mi sexo?", "¿por qué mi seno izquierdo es más grande que el derecho?", "¿soy normal?".

No teman: son totalmente normales. En realidad, las transformaciones de su cuerpo van a continuar por algunos años. No se producen al mismo tiempo en todas las niñas. Entonces no se asusten si sus senos no crecen desde su undécimo cumpleaños o si su periodo se demora en comenzar teniendo 13 años. No existen reglas: el cuerpo no debe transformarse a una edad específica. Cada una de ustedes es única y diferente. Y las indicaciones que vamos a darles solo son puntos de ubicación. ¡No hay un calendario preciso en todas las modificaciones de su cuerpo!

Como regla general, el cuerpo de las niñas comienza a transformarse a partir de los 9 o 10 años. Es la pubertad que comienza. En efecto, el cuerpo fabrica nuevas hormonas: son las sustancias químicas que actúan sobre las diferentes partes de su cuerpo.

En las niñas, la silueta se modifica poco a poco. La pelvis se alarga. Los senos aparecen. El pubis, la parte que se sitúa por encima del sexo, se cubre de vellos. Entre los 12 y los 14 años, los primeros periodos llegan: cada mes, la sangre sale naturalmente del sexo. Los vellos aparecen también bajo el brazo. Luego los senos se redondean y el tamaño se establece.

¿QUIEREN SABER MÁS? AQUÍ HAY ALGUNAS RESPUESTAS PRECISAS A LAS PREGUNTAS QUE SE HACEN CON FRECUENCIA. TENGO 15 AÑOS Y NO TENGO MI PERIODO. ¿SOY NORMAL?

¿Qué hay bajo mis pantis?

Ustedes **tienen** órganos sexuales externos e internos. En el exterior, estos órganos se sitúan bajo el pubis, entre los muslos, y forman la vulva. La vulva comprende los labios mayores que bordean los menores, el clítoris y la entrada de la vagina. Los labios menores se parecen a pequeñas protuberancias de carne, cuyo tamaño es muy variable de una mujer a otra. En la parte de adelante de estos labios, está el clítoris, pequeño órgano muy sensible. Bajo el clítoris se sitúa el orificio por donde orinan. La entrada de la vagina se encuentra un poco más abajo. La vagina, el útero, las dos trompas de Falopio y los dos ovarios constituyen los órganos sexuales internos. La vagina es un "tubo" cóncavo y muscular. Con 8 centímetros de largo aproximadamente, conduce al cuello uterino y al útero. El útero también es un órgano cóncavo y muscular que recibirá el óvulo fecundado y al futuro bebé a lo largo del embarazo. El útero está unido a los ovarios por las trompas de Falopio.

42

¿Qué es el periodo?

Cada 28 días más o menos, por tu vagina saldrá sangre durante 3 a 6 días. Este sangrado es totalmente normal y se producirá de manera regular hasta alrededor de los 50 años.

Esta sangre proviene de la mucosa que recubre el interior del útero. Cada mes, un óvulo madura, sale del ovario y es recibido por una de las trompas de Falopio. Allí espera ser fecundado por un espermatozoide proveniente del cuerpo del hombre. Una vez fecundado, el óvulo se fijará en el útero, más precisamente en la mucosa uterina. Esta mucosa es desarrollada para alimentar el óvulo fecundado al llenarse de sangre. Si el óvulo no es fecundado por un espermatozoide, muere. La sangre que llena la mucosa ya no sirve para nada y será eliminada del cuerpo. La sangre acumulada se filtra del útero hacia la vagina y, de allí, hacia el exterior del cuerpo de la mujer. Así comienzan los periodos.

Frecuencia del periodo

Sus reglas pueden ser irregulares durante los dos primeros años y, a veces, más. En efecto, el funcionamiento de sus órganos sexuales se establece poco a poco. Sin embargo, si durante varios meses aún no tienen el periodo, consulten a un médico o a un ginecólogo para que las examine.

— Todos tenemos un sexo —

Entre el primer día del periodo y la aparición de los siguientes periodos, transcurren en general 28 días. Este lapso se conoce como ciclo menstrual. Puede suceder que el ciclo menstrual sea más corto (26 días, por ejemplo) o más largo (30 a 32 días). Cuando la mujer alcanza la edad de los 50 a los 55 años, el ciclo menstrual se detiene. En efecto, la mujer ya no puede ovular, es decir, producir óvulos. Ya no podrá tener hijos. La mucosa uterina no necesita llenarse más de sangre para recibir un óvulo fecundado. De hecho, los periodos también desaparecen. A este fenómeno se le llama menopausia.

¿Puedo utilizar un tampón higiénico desde mis primeros periodos?

El tampón higiénico es un pequeño tubo de algodón que se coloca dentro de la vagina. Cuando la sangre se filtra, el tampón se infla y forma una especie de corcho, lo cual evita que la sangre traspase su ropa interior. Desde hace mucho tiempo, existe un tampón "mini" perfectamente adaptado a los cuerpos de las niñas. Si no logran acomodar correctamente un tampón o si no se sienten cómodas con ese tubo de algodón en el interior de su vagina, utilicen una toalla higiénica. Son protectores de algodón, más o menos gruesos, que se colocan en la ropa interior y tienen contacto con su vulva. Las toallas higiénicas son, en nuestros días, cada vez más cómodas. De todas formas, para evitar infecciones, no olviden cambiar regularmente su protección, trátese de un tampón o de una toalla.

Cualquiera que sea la duración de tu periodo o su abundancia, este se detendrá naturalmente. No quedará nada en el interior de tu cuerpo, ninguna "bolsa" de sangre. Además, el útero no se comunica con los otros órganos que se sitúan en el vientre (intestinos, estómago, vejiga). El útero es "hermético".

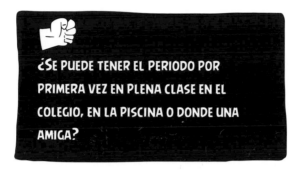

¿SE PUEDE TENER EL PERIODO POR PRIMERA VEZ EN PLENA CLASE EN EL COLEGIO, EN LA PISCINA O DONDE UNA AMIGA?

— Todos tenemos un sexo —

Hacia la edad de los 13 años, si tu cuerpo no muestra ningún signo de pubertad, es decir que si tus senos o vellos no crecen, se puede tratar de un atraso anormal. En este caso, consulten a su médico o a un ginecólogo. Pero si todo ocurre normalmente, esperen pacientemente su periodo. ¡Este no tardará! Sentir dolor durante el periodo es muy frecuente. Estos dolores se deben en general a las pequeñas contracciones del útero y pueden ser incómodas. Si ustedes ven que son muy fuertes, pídanle a su médico un tratamiento para aliviarlas.

Tampón y virginidad

Ser virgen significa que nunca se ha tenido una relación sexual. Cuando una niña es virgen, una fina película de piel, llamada himen, cierra en parte la entrada de la vagina. Durante la primera penetración, el himen se destruye, lo cual provoca un pequeño sangrado. Si utilizan tampón, no se dañará el himen. Permanecerán vírgenes hasta la primera relación sexual.

¿Mamá, yo? ¿Ya mismo?

Quizá se hacen esta pregunta, incluso si nunca la han formulado en voz alta. La aparición de tu periodo indica que tu organismo funciona normalmente. De hecho, encontrarás una respuesta certera el día que estén embarazadas. Pero ese día aún es lejano. ¡Por ende, aún es muy temprano para preocuparte!

Pequeños, grandes, medianos, cada una tiene senos

Los senos "crecen" bajo la acción de las hormonas, aquellas sustancias químicas producidas por el cuerpo. Poco a poco, los tejidos que forman los senos se desarrollan. Al mismo tiempo, la areola, esa cinta coloreada que recubre el pezón, se extiende y cambia de color. Sus senos se redondean y toman forma. De todas formas, necesitarán entre dos y cuatro años para alcanzar su volumen definitivo.

¡Si en su familia todas las mujeres tienen senos pequeños, sería sorprendente que los tengan grandes! Pero tranquilas: su seducción no depende del tamaño de sus senos. No confíen en las revistas que presumen sobre el encanto de los senos grandes o la gracia de los minúsculos. ¡Son ideas de los adultos para vender sus revistas! De hecho, un hombre no las querrá solo por

¿Qué son los flujos?

¿Quizá ya notaron que un líquido incoloro o blancuzco se filtra en pequeña cantidad por su vagina? Se trata del flujo. Estos flujos tienen un nombre científico: moco cervical. Este es producido por el cuello uterino y se filtra poco a poco por la vagina. Ayuda a que los espermatozoides avancen en la vagina y en el útero para encontrarse con el óvulo. También facilita la penetración.

48

sus senos. Si un muchacho les hace un comentario fuera de tono sobre sus senos, ¡ubíquenlo rápidamente en la categoría de los estúpidos!

¿Es normal tener un seno más grande que el otro?

Han observado que un seno es más grande que el otro. ¡No se asusten! Nuestro cuerpo no es perfectamente simétrico. Es totalmente normal tener un seno un poco más prominente que el otro.

Los senos están constituidos por tejidos muy grasosos. Estos tejidos contienen, además glándulas que producirán la leche después del nacimiento de un bebé. Los senos no son, entonces, músculos. Con el paso de los años, los senos pueden caerse un poco, en especial, si tienen un volumen importante. Por ello, es necesario utilizar un sostén. Incluso es muy útil cuando practican deporte.

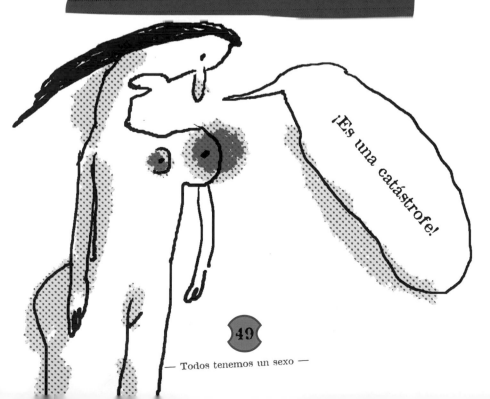

¡Es una catástrofe!

49

¿Quién está en el espejo?

No se preocupen si su mejor amigo creció 15 centímetros, sobrepasándolos por una cabeza. O si les cuenta que su pene creció, mientras que el suyo aún es pequeño. Es normal: el cuerpo de cada uno cambia, pero no necesariamente en el mismo momento. Cada muchacho crece de manera diferente.

Estas modificaciones pueden comenzar muy temprano en unos, más tarde en otros. En general, los muchachos conocen los primeros signos de la pubertad hacia los 12 o 13 años. Como en las niñas, la hormonas son las que desatan las modificaciones del cuerpo. Comienza por el tamaño de los testículos, que aumenta. El escroto, es decir, la piel que recubre los testículos, se desarrolla, toma grosor y se arruga. Su color también puede volverse más rojo o café. También aparecen los primeros vellos sobre el pubis, encima del sexo, pero, igualmente, en el abdomen y bajo los brazos. El pene se extiende y engorda. Una pelusa crece en el mentón. Poco a poco, se transformará en barba. Finalmente, todo el cuerpo toma volumen gracias a una musculatura más importante. De esa manera, los hombros se vuelven más anchos que la cadera.

La voz cambia igualmente, y salen los gallos, que duran varios meses, y es difícil lidiar con ellos. La voz de niño, a la cual están acostumbrados, los abandonará en medio de una frase, agudizándose o volviéndose más grave. Hay que aceptarlo: es frustrante. Sobre todo, si esta voz no concuerda con su nuevo físico de "grande".
Otros cambios los preocupan. Y no duden en hablarlo francamente con sus padres. Volvamos a las preguntas íntimas que los atormentan. E intentemos aportar respuestas simples.

¿QUÉ SUCEDE DURANTE LA PUBERTAD MASCULINA?

— Todos tenemos un sexo —

¡Cuidado!

De golpe, su pene, que era suave y tenía tendencia a colgar, se pone duro y se para. Simplemente es una erección. Una corriente de sangre viene a inflar su sexo. Su pene no es un músculo. Está constituido de tejidos que pueden retener la sangre. Estos tejidos son esponjosos, lo cual significa que el interior de su pene se asemeja a una esponja.

Cuando la sangre llega al pene, este se "infla" como una esponja llena de agua. Cuando la sangre se retira, el pene se desinfla y vuelve a tomar la forma que tenía en reposo. Es el final de la erección.

¡Hola

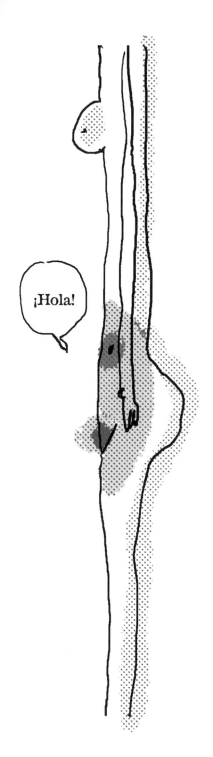

¡Hola!

¡Mi pipí está duro!

El deseo sexual, los estímulos externos y el sueño pueden llevar a una erección.

Están enamorados de una niña. Desde que la ven, le toman la mano o la besan. Si el pene se infla, tienen una erección. De hecho, son los sentimientos y la atracción física que sienten por esa niña los que provocan su erección. Desean tenerla entre sus brazos, tocarla, besarla, descubrir su cuerpo. ¡Ese deseo actúa directamente en su pene!

53

También pueden tener una erección cuando fantasean, es decir, cuando imaginan situaciones en las que sienten el deseo sexual. Los sueños eróticos desencadenan una erección.

Los estímulos externos: algunas actividades deportivas pueden, sin que lo quieran, provocar una erección. Al trepar una cuerda o montar a caballo, pueden tener una erección, porque su sexo se frota contra la cuerda o el sillín. El mismo fenómeno se produce cuando acarician su sexo. Este frote produce igualmente una erección.

El sueño: durante algunas fases del sueño, el cual llamamos "sueño paradójico", el cerebro "trabaja". Todo el cuerpo reacciona moviéndose, incluido el pene. Por ello, el hombre tiene erecciones en la noche. Todos los hombres tienen de tres a cuatro erecciones nocturnas. Todas estas situaciones son normales. No sientan vergüenza si una erección los sorprende en pleno día o en la noche.

¡Mi pipí hace cosas raras!

La eyaculación es la expulsión del esperma, que contiene los espermatozoides. Siempre ocurre después de la erección. Una eyaculación jamás sucede con un pene en reposo. Para aquellos que tienen relaciones sexuales, la eyaculación tiene lugar después del contacto sexual.

Esta noche,
gran espectáculo
del pipí.

Esta se produce en el momento en el que el hombre siente el placer más intenso. Pero, para ustedes, que aún no tienen relaciones sexuales, la primera eyaculación sucede durante la noche, en medio del sueño. Por ello, a veces, la designamos bajo el nombre de "expulsión nocturna".

¿A qué edad comenzamos a eyacular?

Las primeras eyaculaciones se producen, en general, entre los 13 y los 15 años. Al igual que las niñas con el periodo, no se obsesionen con el tema. ¡La primera eyaculación llegará tarde o temprano!

La primera eyaculación es importante para los muchachos, pues, significa que, a partir de ese momento, podrán tener una relación sexual y llegar al placer. Pero no es fácil para un muchacho anunciarle a su familia que tuvo su primera eyaculación. Por el contrario, las niñas hablan con más facilidad de su primer periodo.

Para los muchachos, esta situación es injusta. Nuestra sociedad ha hecho que no hablemos de eyaculaciones. Pero si sienten que sus padres, en especial su papá, están listos para discutir, no duden en hablar sobre el tema. Después de todo, se trata de un hecho importante. ¡Lo vivirán miles de veces en su vida! No hay nada de sucio ni vergonzoso.

¡Mundo cruel!

Sus testículos no corren el riesgo de inflamarse por el hecho de que no hayan eyaculado por un buen tiempo. En efecto, los testículos fabrican los espermatozoides, pero no los guardan. Cuando estos maduran, son conservados en las vesículas seminales. Allí esperan el momento para ser expulsados por medio de la eyaculación. Sin embargo, si no han eyaculado a lo largo de varias semanas o meses, unas células llamadas macrófagos destruirán los espermatozoides guardados. De esta forma, se fabricarán nuevos espermatozoides y serán conservados por un tiempo en las vesículas seminales.

¿Se puede orinar y eyacular al mismo tiempo?

Con frecuencia, los muchachos piensan que el esperma y la orina se van a mezclar. En realidad, el pene tiene un pequeño músculo, el esfínter, que cierra el conducto de la vejiga y la uretra durante la erección y la eyaculación. ¡Por tanto, es imposible orinar y eyacular al mismo tiempo!

No me gusta el tamaño de mi pene

Sépanlo de una vez por todas: existen penes de todos los tamaños. Incluso, puede haber penes de diferentes formas.

57

Como regla general, un pene en erección es más largo y más grueso que uno en reposo. Pero la capacidad para hacer el amor y dar placer no tiene nada que ver con el tamaño de su pene. No se acomplejen.

Chicas:

¡no jueguen a tomar un metro para medir el pene en erección de los chicos!

Amor y circuncisión

La circuncisión es una pequeña cirugía. Consiste en quitar el pliegue de piel que recubre el glande, en la punta del pene. Este pliegue se llama prepucio.

En general la circuncisión se practica por cuestiones de higiene, es decir, para evitar infecciones, pero también por razones religiosas. Los judíos y los musulmanes practican la circuncisión. También puede suceder que a un muchacho le practiquen la circuncisión porque sufre de fimosis, es decir, que el prepucio no se abre bien y el glande no puede salir, lo cual impide tener relaciones sexuales normales. Esta anomalía se percibe bastante rápido y se descubre en el glande de los niños desde el primer año de vida. Esta práctica no duele y permite limpiarlo.

Físicamente, un pene circunciso no tiene el mismo aspecto que uno que no lo esté. Pero esto no cambia en nada el funcionamiento del pene durante las erecciones y eyaculaciones. Si es circunciso, no tenga ningún temor: podrá tener relaciones sexuales como cualquier otro muchacho.

¡Mis espermatozoides tienen calor!

La producción de espermatozoides solo puede tener lugar a una temperatura que circunda los 33°C. Y como la temperatura de nuestro cuerpo es de 37°C, haría mucho calor para fabricar los espermatozoides. ¡Estando afuera, en los testículos, están más frescos!

Vaya, ¡hoy hace un buen clima!

— Todos tenemos un sexo —

¡Mamá, tengo senos!

Puede suceder, en efecto que durante la pubertad, las tetillas de los muchachos se inflen y se vuelvan más sensibles. Es un fenómeno totalmente normal. Lo debemos a la producción de hormonas sexuales. Luego de algunos meses, todo volverá a la normalidad. Pero si persiste, pueden consultarlo con un médico.

¿Y yo qué?

Numerosos muchachos entre los 14 y 15 años sufren un atraso en la aparición de la pubertad. Tienen aún la apariencia de niños, mientras que sus amigos ya crecieron, han adquirido músculos y poco a poco se han vuelto hombres. Si estás en esa situación, no te inquietes: tu cuerpo se va a transformar, pero un poco

Magnífico.

más tarde, quizá entre los 15 y los 16 años. Si este atraso te incomoda, te hace sufrir, cuéntaselo a tu médico. Él sabrá calmarlos.

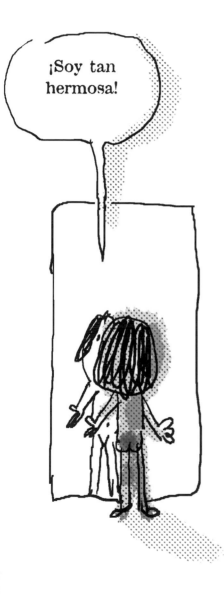

¡Soy tan hermosa!

Es difícil ser adolescente

Chicas y chicos, ahora saben lo que sucede en su cuerpo, lo cual no impedirá que se observen por horas en el espejo del baño. ¡Y qué importa si golpean la puerta! Pues esta fase de observación es un excelente medio para acostumbrarse a su nuevo aspecto físico.

Es necesario familiarizarse con ese cuerpo que parece extraño. Para ello, la mirada que hagan de él es muy importante. Deben ser curiosos. Pero no sean demasiado duros con ustedes mismos.

— Todos tenemos un sexo —

¿Esos vellos les disgustan? Es inútil protestar: ¡nadie puede escapar! Observen más bien los cambios positivos, aquellos que les gustan y dejan percibir, sea tu nueva feminidad, sea los detalles que los hacen más viriles.

Si ese nuevo cuerpo los desespera realmente, sobre todo no lo maltraten. Por ejemplo, dejando de comer. Pues es necesario alimentarse para crecer y transformarse. No sean negligentes con ustedes tampoco. Báñense bien. Ustedes, las niñas, redoblen su atención a los periodos, para vivir mejor esta etapa delicada. Ustedes, los niños, no olviden tomar una buena ducha luego de una actividad física. Pues, en la pubertad, se transpira demasiado.

Chicas y chicos, sanen su acné. Los granitos, barros y puntos negros pueden aparecer en la piel no solo de la cara, sino también de la espalda. Este fenómeno es más bien banal. Se debe simplemente al exceso de sebo durante la pubertad. Esta sustancia es fabricada por la piel. Cuando hay gran cantidad, tapona los poros, los huecos minúsculos que permiten a la piel respirar. ¡Y aparecen los barros!

Actualmente, pueden comprar productos (jabones, lociones y cremas) para limpiar bien la piel y curar el acné. Pero si su acné es muy abundante, no duden consultar a un dermatólogo. Él les prescribirá un tratamiento eficaz.

¡LOS BARROS ARRUINAN MI VIDA! ¡LOS TENGO EN TODAS PARTES, EN LA CARA, EN LOS BRAZOS. ¡ESTOY DEPRIMIDO!

¡Buenos días, doctor!

Si el dermatólogo puede ayudarlos a tratar su acné, no olviden a su médico particular o pediatra. Él puede responder a todas sus preguntas sobre su desarrollo y los pequeños problemas físicos y morales. Él te conoce muy bien. Mantengan con él una relación de confianza. Él está allí para ustedes. No duden consultarlo por su cuenta, sin la presencia de su madre o padre.

A partir de ahora sus padres deben aprender a respetar su cuerpo y su vida privada. Y para un médico, todas las preguntas son importantes. Es normal querer saber qué les sucede.

Las niñas querrán quizá consultar a un ginecólogo. ¿El mismo de su madre o de una amiga? De ustedes depende. Cuéntenle todo en plena confianza: el ginecólogo está obligado a mantener el secreto médico. Su papel es esencial en la vida de una mujer: él es quien prescribe los medios de anticoncepción que evitan quedar en embarazo, como la píldora. También realiza algunos exámenes y sigue los embarazos.

Consultar regularmente a un ginecólogo es una buena costumbre. Pero si no se atreven aún a pasar a esta etapa, hay otros lugares a los que pueden acudir son los centros de planificación familiar. Chicas y chicos, allí pueden consultar médicos, ginecólogos y psicólogos. Las consultas son gratis.

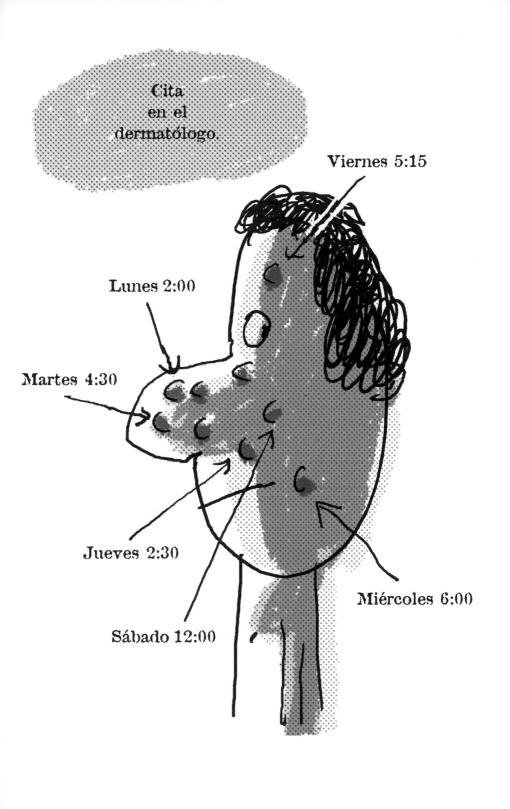

Capítulo

3

Es muy bueno el amor

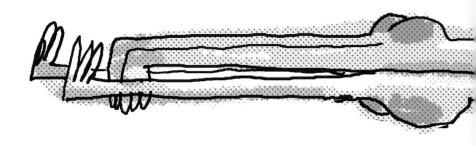

Es a ti a quien quiero

Hace no mucho tiempo, ustedes se incomodaban por los besos en la boca o la imagen de un cuerpo desnudo en las películas. Ahora, están intrigados por lo que puede pasar entre dos personas que se aman.

La mayoría de ustedes han visto fotografías o extractos de una película que muestran parejas que hacen el amor. Han verificado que, en efecto el hombre introduce su pene en la vagina de la mujer. ¡Claro, esas imágenes muestran crudamente la realidad! "Bueno, eso es el amor", se dicen ustedes, un poco decepcionados y, a veces, asqueados. Sí, en apariencia, tener una relación sexual, hacer el amor, es eso: el hombre, con su pene erecto, penetra la vagina de la mujer. Luego, ambos comienzan movimientos de "va y viene". No muy romántico, ¿cierto? Sin embargo, les hemos dicho que el amor es una cosa maravillosa. Ahora ustedes no

68

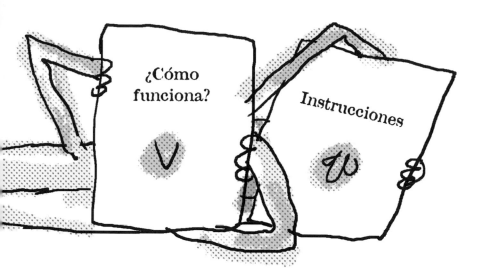

comprenden muy bien y se dicen que los adultos son, evidentemente, raros.

De hecho, las relaciones sexuales ofrecen varias facetas. Si solo retienen los esquemas médicos o las imágenes pornográficas, el acto sexual no tiene nada de formidable. Incluso es frío y triste. Y en algunas revistas o películas porno, las relaciones sexuales son, por lo general, feas o caricaturescas.

Por el contrario, si comprenden que la relación sexual es el resultado de una relación amorosa con otra persona, la perspectiva cambia. En ese caso, hacer el amor se vuelve un acto compartido, cómplice, tierno. Y lo que les parecía mecánico, se vuelve romántico.

¡HACER EL AMOR NO ES TAN FEO COMO EN LAS PELÍCULAS TRIPLE X!

— Es muy bueno el amor —

Al intercambiar besos y caricias, al "mezclar" sus cuerpos, la pareja demuestra sus sentimientos y su deseo de dar y recibir placer. El término "relaciones sexuales" adquiere sentido: existen verdaderas relaciones que llevan a dos personas a compartir lo que tienen de más íntimo, es decir, sus cuerpos y sus sexos.

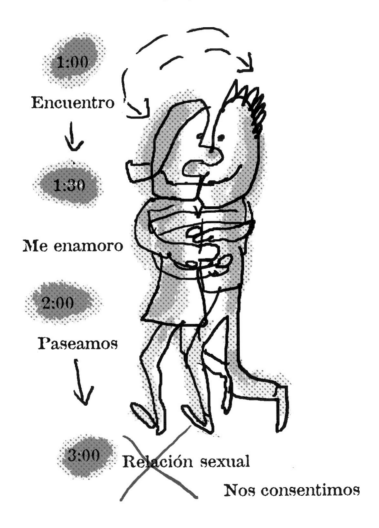

1:00 Encuentro

1:30 Me enamoro

2:00 Paseamos

3:00 Relación sexual
Nos consentimos

Cuando dos personas se conocen, no hacen inmediatamente el amor por el simple hecho de gustarse. Primero aprenden a conocerse. Luego, poco a poco, con el paso de los encuentros, intercambian gestos de ternura, besos, caricias. Solo después de haber pasado un cierto tiempo juntos, decidirán y desearán ir un poco más lejos en su relación al hacer el amor. Ese día tendrán una relación sexual.

Dicha relación sexual, dicha penetración, se acompaña de besos y caricias. El acto sexual no se desarrolla de golpe: "Vamos, desvistámonos y pasemos a la acción". Ese escenario solo pasa en las películas. La realidad es diferente. Pues, incluso si dos personas no se aman locamente, hacer el amor exige una preparación y una complicidad. Esta preparación se traduce, justamente, en gestos de ternura entre las dos personas. Para ello, se necesita tiempo.

Esa es la palabra esencial: TIEMPO. También necesitará tiempo para aprender a superar, una a una, las etapas que los conducirán del primer beso a la "primera vez". Y no se vivirá necesariamente esta iniciación al amor con la misma persona. Incluso si ya se han besado con un muchacho o una niña, incluso si su cuerpo ha

 SE NECESITA TIEMPO PARA CONOCER AL OTRO.

71

crecido y ya se sienten "mujer" u "hombre", esto no significa que ya estén listos para hacer el amor.

En el amor, el cuerpo no basta, también es necesario estar listo en la cabeza. Es un obstáculo importante a superar. Mientras tanto, no entienden qué les sucede. Todo les parece confuso. Aún no logran diferenciar entre la amistad y los sentimientos de amor que puedan sentir hacia un muchacho o una chica. También se preguntan qué se siente estar realmente enamorado. A veces, se sienten atraídos por un muchacho o una chica. Físicamente, lo encuentran a su gusto. Les gustaría que compartiera el mismo sentimiento y ustedes hacen todo para llamar su atención. ¿Pero ese sentimiento que sienten es realmente el amor o solo una atracción física? No lo saben. No es fácil manejar esos deseos, esos sentimientos que ponen su cabeza patas arriba. Y lo peor ¡es que no pueden escapar a esa situación incómoda!

Tranquilos, eso no durará toda la vida. Con el paso de los meses, van a comprender poco a poco lo que les sucede y lo que sienten. Y sabrán entonces, naturalmente, cuándo estarán listos para vivir su primera experiencia sexual.

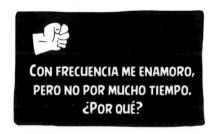

CON FRECUENCIA ME ENAMORO, PERO NO POR MUCHO TIEMPO. ¿POR QUÉ?

¡Listo, lo hice!

Ustedes no se sienten listos, pero quieren saber más sobre esta primera vez. Se hacen miles de preguntas: ¿cómo sucede?, ¿a qué se parece el placer?. Con frecuencia, las niñas se preocupan de que les duela durante la primera penetración.

Los muchachos temen no estar a la altura, no tener una erección en el momento de pasar al acto. Es normal. Así sepan en su cabeza cómo hacer el amor, jamás han vivido la experiencia. Además, realmente no pueden pedirles a sus padres que les cuenten cómo lo vivieron ellos. No es necesariamente un tema que uno desee hablar con ellos. Con los amigos, también es difícil. Temen que se burlen de ustedes.

— Es muy bueno el amor —

George Clooney

Quizá ustedes conocen a un muchacho o una niña que presume de "haberlo hecho". Pero jamás decimos todo. En particular, aquello que se pudo sentir realmente en ese momento.

Esas impresiones, esas sensaciones hacen parte del jardín secreto de cada uno. No hay necesidad de revelar todo. Por ello, la "primera vez" es una experiencia única, de la cual se puede hablar, pero que no se comparte totalmente con su mejor amigo o amiga. Cuando hayan decidido vivir esos instantes de emoción, recuerden estos pequeños consejos.

Tampoco se dejen influenciar por sus padres. En efecto, algunos padres, sabiendo que ya crecieron, van a comprarles preservativos, aconsejándoles "protegerse bien". Otros las obligarán a ir al ginecólogo.

Tomen esas iniciativas con criterio. Pero sean firmes. Explíquenles, si es el caso, que aún no están listos. No vean en ese comportamiento una incitación a tener relaciones sexuales, sino más bien una preocupación: sus padres buscan protegerlos a toda costa. ¡Incluso si actúan con torpeza!

Hacer el amor la primera vez no los llevará necesariamente al paraíso. Quién sabe si la primera vez será decepcionante. Ustedes, las niñas, tendrán un poco de placer. Pero no se sorprendan si no sienten nada la primera vez. Ustedes, los muchachos, quizá, sean víctimas de una eyaculación bastante rápida. Pues la emoción conduce con frecuencia a perder el control de sí mismo.

No se precipiten

No se digan: "A los 16 años debo haber hecho el amor". No hagan competencias con sus amigos. ¡No hay nada por ganar! No se dejen influenciar por sus amigos o amigas. No se hace el amor para ser como los otros. Hacemos el amor porque compartimos sentimientos con otra persona, porque nos sentimos listos a compartir nuestro cuerpo y tenemos un deseo físico. No hay una edad límite, pueden vivir su primera experiencia a los 17, a los 20 o a los 25 años: poco importa. ¡Es su historia y solo les concierne a ustedes!

No se preocupen: su vida sexual solo está comenzando. Y las siguientes experiencias serán, con seguridad, mucho más agradables.

Si imaginan con anticipación cómo será su "primera vez", sepan que nueve de diez veces no sucede como se pensó. Pequeños incidentes podrán ocurrir sin que estos arruinen ese momento tan esperado: un sostén que se resistirá a los asaltos constantes del muchacho, una risa loca que estallará sin razón aparente.

El humor será, entonces, la mejor manera de superar las pequeñas contrariedades. Pues el humor permite escaparse de situaciones un poco delicadas. En realidad, ambos estarán en la misma circunstancia: tensos, inquietos, con temor, intentando manejarlo todo. Lo más simple será, quizá confesar que es la primera vez que hacen el amor. No hay nada vergonzoso en ello.

Al contrario, su pareja se sentirá halagada y estará más atenta y tierna.

La ternura no es un signo de debilidad. A las niñas no les gustan los hombres muy "machos", y los muchachos detestan a las niñas que controlan todo.

El preservativo

Preservativo: recubrimiento de látex, muy fino, que se pone sobre el pene erecto. Los protegerá contra las enfermedades sexuales y evitará que las chicas queden en embarazo.

76

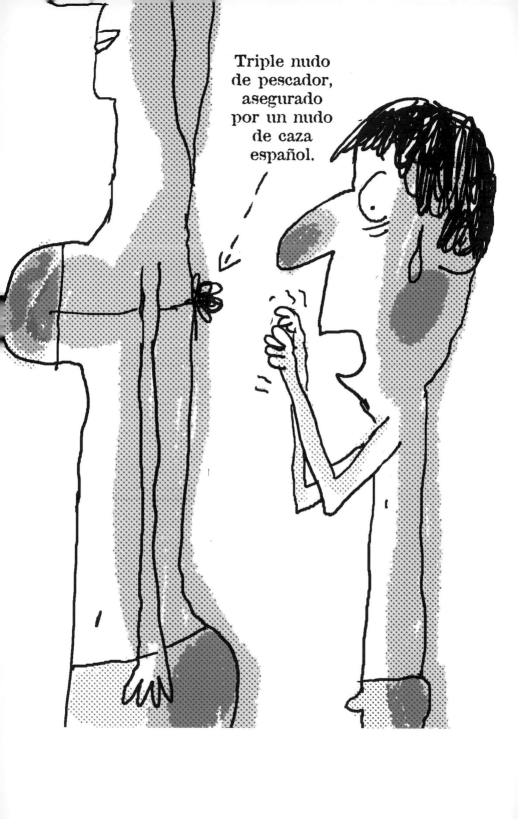

Pero ¿qué me sucede?

Acaban de leerlo, la primera vez no es sinónimo de placer absoluto.

De hecho, no confundan el deseo muy fuerte que pueden sentir por estar con alguien con el placer que resulta de ese encuentro. El deseo se apodera de ustedes, pero el placer se aprende.

Aprenderán, con el paso de sus experiencias, que algunas caricias les procuran más placer que otras. Descubrirán también que su pareja reacciona mejor a algunos besos o palabras que a otros. Entonces sabrán qué les da placer a ustedes y a su pareja. Gracias a este aprendizaje podrán dar y recibir placer en cada relación sexual y conocer el orgasmo.

El orgasmo

El orgasmo es "el punto culminante del placer sexual". ¡Está escrito en el diccionario! El orgasmo es el momento en el que se siente el mayor placer. Es difícil describir de manera detallada una sensación que se vive de forma tan personal en cada ser humano. Lo que es seguro es que los hombres tienen un orgasmo en cada eyaculación. Por el contrario, las mujeres no viven un orgasmo en cada relación sexual. Sobre todo, en la primera vez. La vida sexual es una iniciación: en cada etapa descubrimos un sentimiento y un placer nuevo.

¡No necesito a nadie!

Algunos de ustedes ya descubrieron el placer solos al masturbarse, es decir, acariciando sus órganos sexuales. Masturbarse no es vergonzoso. Al contrario, es totalmente natural. ¿Entonces por qué no hablamos jamás de ello? Pues la masturbación es un acto muy personal que no le atañe a nadie diferente de a sí mismo. Durante varios siglos, la masturbación fue un tema tabú. Nadie hablaba de ello, salvo para condenar esa práctica. Aún hoy no se aborda fácilmente el tema, incluso en la familia. Sepan, sin embargo, que muchos adultos, hombres y mujeres, se han masturbado en la adolescencia y algunos continúan haciéndolo durante toda su vida sexual.

Cena familiar

Pero si a la inversa, no sienten la necesidad de masturbarse, ¡es inútil esforzarse! No existe ninguna obligación en lo que concierne a la sexualidad. En un caso o en el otro, no se sientan culpables.

No escuchen a aquellos que dicen que la masturbación causa sordera. O que puede hacerles perder la energía antes de una competencia deportiva.

¡Es falso! La masturbación permite conocer mejor su cuerpo y descubrir nuevas sensaciones. Pero no es otra forma de hacer el amor. Solo se puede hacer el amor en pareja. Si la masturbación es normal, tampoco se puede volver un refugio.

No debe impedir tener relaciones sexuales con otra persona.

¿Homo, yo? ¡Quizá!

Ser homosexual es enamorarse de alguien del mismo sexo. No obstante, sigue siendo un tema delicado. Quizá se atormentan ante la idea de sentirse atraídos por una persona del mismo sexo.

Esta preocupación aumenta en la pubertad. Pues es posible que en ese momento preciso tengan un sentimiento amoroso por su mejor amigo o amiga. Pero eso no quiere decir que sean homosexuales. Lo admiran, comparten todo con él, tienen la impresión de que se entienden sin hablar.

80

Tienen los mismos pensamientos, los mismos gustos, los mismos temores. Es un doble de ustedes. ¿Entonces, cómo no estar fascinado? Y, entonces, apenas comienzan a descubrir su cuerpo. Y también el cuerpo de él o ella, les es familiar. Por tanto, el cuerpo de aquellos que no son de su mismo sexo los asusta.

Yo te amo,
¡y punto!

Poco a poco, se intercambian gestos de ternura con él. Y ustedes sienten que ese amor es más fuerte, más bello y más puro. Quizá también comparten caricias, besos y momentos íntimos con ese "doble".

Esa confusión que sienten no significa que sean homosexuales. La adolescencia es, en efecto, un periodo en el que los sentimientos pueden cambiar muy rápido, en el que aún nada está determinado. Esta etapa es, a veces, necesaria. Permite encontrar sus propias inclinaciones, mientras su cuerpo se transforma y su relación con los otros cambia.

La mayor parte del tiempo únicamente tienen ese tipo de sentimientos hacia solo una persona. Y su confusión se detendrá allí. Entonces buscarán el placer con una persona del otro sexo. Antes de concluir que son homosexuales, esperen y vean cómo sus sentimientos, sus deseos y su vida sexual se desarrollan. Sin embargo, si descubren que son realmente homosexuales, no hay que hacer un drama.

Hoy la homosexualidad es reconocida y mejor aceptada. Los homosexuales pueden vivir su homosexualidad como lo deseen.

Las amistades amorosas

Una niña pasa todo el día con su mejor amiga; un muchacho no puede hacer nada sin su mejor amigo: es el periodo de las amistades amorosas. Se sienten pulsiones hacia ese amigo del mismo sexo, ¡y no saben muy bien cómo analizar eso! ¿Esto significa que es homosexual? No necesariamente, solo el tiempo lo dirá.

83

Amor un día, amor siempre

Algún día harán el amor. Desgraciadamente, las relaciones sexuales pueden tener consecuencias que no habían previsto. Así, una muchacha puede quedar embarazada y tener un hijo.

Si una muchacha puede, sin problemas, cargar un bebé en su vientre durante nueve meses, puede tener grandes dificultades para educarlo. En efecto, a los 14 o 15 años, no se gana dinero y aún se vive con los padres. No se está suficientemente maduro ni responsable para ocuparse de un bebé. Estar embarazada desde los 14 años puede cambiar toda una vida. Desde la llegada de sus primeros periodos, las muchachas pueden quedar embarazadas si tienen relaciones sexuales. Y desde las primeras eyaculaciones, los muchachos pueden fecundar un óvulo. Es decir que desde los 13 años, una muchacha y un muchacho pueden tener un bebé. ¡No crean, entonces, que están a salvo de un embarazo por el simple hecho de que se trata de una primera relación sexual!

INCLUSO LAS ADOLESCENTES QUEDAN EN EMBARAZO. ¡SÍ, SÍ, MEJOR TENGAN CUIDADO!

Los primeros signos de un embarazo son fáciles de observar: un atraso en el periodo, un deseo de vomitar que persiste y la hinchazón de los senos.

Si tienen alguna duda, practíquense una prueba de embarazo. Estas pruebas encuentran en la orina las hormonas características del embarazo. Se venden en las farmacias. Son muy confiables, pero caras.

También pueden hacerse un examen de sangre en un laboratorio. Este examen es prescrito por el médico.

No quiero un bebé, ¿qué hago?

Para evitar los embarazos, se ha inventado la anticoncepción. Esta tiene como objetivo evitar que el espermatozoide fecunde el óvulo. Al evitar la fecundación, se evitan los embarazos.

La píldora es un medio de anticoncepción oral, lo cual quiere decir que se traga. Para que sea eficaz, hay que respetar unas reglas precisas y, sobre todo, no olvidarlas. Se habla de "la" píldora, pero deberían ser "las" píldoras. Pues vienen en un paquete de 21 pastillas. Durante 21 días, deben tomar una pastilla por día. Al final de los 21 días, deben detenerse por 7 días. Durante este lapso los periodos comienzan. Luego de 7 días de parar, deben comenzar un nuevo paquete de pastillas.

La píldora

La píldora fue inventada en 1956 en los Estados Unidos. Su principio es simple: las hormonas, es decir, las sustancias químicas que estas contienen, bloquean la ovulación. La ovulación es el momento en el que un óvulo maduro va a salir del ovario y podrá ser fecundado por un espermatozoide en la trompa de Falopio. Al bloquear la ovulación, la píldora impide que los óvulos salgan del ovario. Durante las relaciones sexuales, los espermatozoides expulsados por el hombre llegarán a la trompa de Falopio, pero no encontrarán ningún óvulo.

87

Si es necesario: Línea de Profamilia:
01 8000 110 900

Olvidé algo,
¿pero qué?

Ustedes pueden tomar la píldora durante varios años, sin peligro para la salud. Pero cuidado: desde que dejen de tomar las pastillas, pueden de nuevo quedar embarazadas.

La píldora del día después

La píldora del día después se utiliza lo más pronto posible y, por tarde, tres días después de haber tenido la relación sexual. Contiene una fuerte dosis de hormonas. No bloquea la ovulación, pero impide que se forme la mucosa uterina que recibe el óvulo fecundado. La píldora del día después permite la expulsión del óvulo fecundado. Su acción es un poco más brutal que la píldora "normal". Por tanto, no se debe utilizar regularmente, solo en casos de emergencia. Se da gratis por una enfermera escolar o la planificación familiar. Está en venta (es gratuita para los menores de edad) en las farmacias, sin orden médica.

Existen varios tipos de píldora. Por ello, deben consultar a un ginecólogo: se les prescribirá la píldora que mejor se adapte a tu cuerpo. No hay necesidad de pedir prestada una caja a tu mejor amiga o a tu madre. Sepan que la píldora tiene otra ventaja: puede disminuir la intensidad de los dolores del periodo y sanar el acné.

Para los muchachos, existen los preservativos. Pueden comprarlos sin orden médica en las farmacias, los supermercados o en distribuidores automáticos. Los preservativos más eficaces son los que tienen una reserva en la punta. Así, en el momento de la eyaculación, el esperma no extiende el preservativo y evita los riesgos de que se rompa.

Para más comodidad, utilicen los preservativos lubricados. Están bañados en una sustancia que facilita la penetración. Incluso hay algunos con olor a fresa o vainilla. ¡Ustedes escogen!

Asegúrense solo de que la caja de preservativos tenga la sigla "NC" (norma colombiana), que significa que los preservativos fueron aprobados. Su solidez estará garantizada.

El preservativo

El preservativo es el único medio de anticoncepción masculino. Es un recubrimiento de caucho muy fino. Hay que desenrollarlo sobre el pene erecto en cada relación sexual. El preservativo retiene el esperma e impide que se filtre en la vagina de la mujer. Entonces bloquea los espermatozoides y vuelve imposible la fecundación del óvulo. ¡Cuidado! Si este está mal puesto o si se rompe, dejará que el esperma se escape. No será 100 % eficaz. Bótenlo y tomen uno nuevo. No lo olviden: un preservativo solo se utiliza una vez.

Un pipí con un preservativo

Los otros medios de anticoncepción son utilizados por mujeres que ya tienen experiencia. Por lo general, no los utilizarán en sus primeras relaciones sexuales, pues, para emplearlos necesitan conocer bien su cuerpo.

Lo espermicidas son sustancias químicas que matan los espermatozoides y les impiden llegar al útero. Se presentan bajo la forma de cremas o espumas. Se aplican en la vagina antes de una relación sexual.

El diafragma es un pequeño círculo sobre el cual se extiende una delgada película de caucho. El diafragma se coloca sobre el cuello uterino y bloquea los espermatozoides en la entrada del útero. Para más efectividad se le agrega crema de espermicida.

— Es muy bueno el amor —

El esterilet es un sistema que el ginecólogo introduce en el útero. Impide que todo óvulo fecundado se fije en el útero. El esterilet es eficaz de dos a tres años. Pero solo las mujeres que ya han tenido hijos lo utilizan.

Las mujeres y los hombres también pueden utilizar métodos de anticoncepción "naturales": la abstinencia durante algunas etapas del ciclo de la mujer y el *coitus interruptus*.

Pero cuidado: ¡no son totalmente confiables! Estos métodos naturales no utilizan sustancias químicas, como la píldora, o las barreras de caucho, como el preservativo o el diafragma. La abstinencia consiste en evitar toda relación sexual durante la ovulación. Pero no es muy fácil saber cuándo se producirá exactamente la ovulación.

En el caso del *coitus interruptus*, el muchacho retira su pene del sexo de la mujer antes de la eyaculación. Pero una gota de esperma puede escaparse del pene antes de aquella. Además, esa gota tiene millones de espermatozoides, los cuales son suficientes para fecundar un óvulo.

¡Por ello esos métodos naturales no son realmente eficaces!

¡HAY MUCHOS MEDIOS PARA NO QUEDAR EMBARAZADA!

— Es muy bueno el amor —

¿Qué es un aborto?

El aborto o interrupción voluntaria del embarazo no es un medio de anticoncepción. Cuando un médico practica un aborto, saca el embrión que había comenzado a desarrollarse en el útero de la mujer.

El embarazo es entonces interrumpido. Un aborto no puede tener lugar después de 12 semanas de embarazo. Por ello, es necesario consultar rápidamente a un médico o a un ginecólogo.

El aborto no es un acto banal que se pueda practicar frecuentemente. Es una operación. Y psicológicamente, es una prueba difícil de superar. Al utilizar un anticonceptivo (píldora, preservativo), se evita tener que practicar un aborto.

El aborto

En Francia, el aborto es autorizado por la ley desde 1975 y se practica en los hospitales y las clínicas. Las muchachas menores de edad pueden abortar sin una autorización parental, pero deben estar acompañadas por un adulto para apoyarlas (un amigo, una amiga, un familiar).

94

¿Qué? ¿Atrapar enfermedades al hacer el amor?

Como su nombre lo indica, las enfermedades de transmisión sexual (ETS) se transmiten en las relaciones sexuales. Es suficiente con que uno de los dos amantes esté infectado para que le transmita la enfermedad al otro. Los responsables de estas ETS son los microbios que infectan el pene o la vagina. Las ETS más frecuentes son las infecciones, como la clamidiasis, los condilomas y el herpes genital.

Las infecciones de clamidiasis son desatadas por un microbio. En el hombre infectado, un líquido anormal se filtra por el pene. El hombre también puede sentir dolor al orinar.

Transmisible

95

En la mujer, estas infecciones se manifiestan con frecuencia en los flujos anormales. Las infecciones de clamidiasis desaparecen luego de un tratamiento a base de antibióticos.

Los condilomas son pequeñas verrugas que aparecen sobre el pene o en la entrada de la vagina. Estas pueden ser eliminadas por medio de una operación.

¡Ay!

— Sexualidad, la gran pregunta —

El herpes genital se presenta en el hombre y la mujer bajo la forma de granos que se forman en la entrada de la vagina o en la punta del pene. Esta erupción es precedida por quemaduras e irritaciones sobre el sexo. Diferentes medicamentos cicatrizan y curan los granos del herpes. Pero ningún tratamiento destruye el virus del herpes genital. Lo cual explica que las erupciones de los granos reaparezcan periódicamente a lo largo de la vida. La sífilis también es una ETS contagiosa.

Las otras ETS se manifiestan, por lo general, como irritaciones, sensaciones de quemadura y filtraciones anormales que se escapan del pene o la vagina. Si ustedes tienen uno de estos síntomas, consulten rápidamente a tu médico. Pues estas enfermedades pueden llevar a la esterilidad si no son curadas. El médico les dará un tratamiento apropiado, frecuentemente por medio de antibióticos. Estos tratamientos son muy eficaces. Si no tienen ningún signo en particular, pero tienen dudas, visiten igualmente al médico. Él podrá realizarles exámenes para saber más.

Una historia de dos

No olviden jamás que ustedes son dos y que la pareja puede estar infectada. Si atraparon una ETS, prevengan inmediatamente a la persona con quien tuvieron relaciones sexuales. Ella también se debe curar. Si no, su tratamiento no servirá para nada. El placer se comparte, ¡los problemas y tratamientos también!

97

La hepatitis B, ¡apesta!

La hepatitis B es un virus que se transmite durante las relaciones sexuales. Un análisis de sangre permite detectar la presencia de este virus en el organismo. Con frecuencia, el virus de la hepatitis B desaparece sin que la persona contaminada se dé cuenta. En 25% de los casos, la enfermedad se manifiesta bajo la forma de una ictericia: es una enfermedad del hígado que vuelve la piel amarilla.

Desgraciadamente, en 10% de los casos, el virus permanece presente en el cuerpo y puede, luego de 10 o 15 años, desencadenar en una grave enfermedad del hígado.

El virus de la hepatitis B se transmite igualmente por la sangre. También está presente en la saliva. Pero, actualmente, los científicos no saben en realidad si la enfermedad puede transmitirse por la saliva. Algo es seguro: la hepatitis B no se transmite por el sudor ni por el simple contacto, como darse la mano.

Existe una vacuna contra la hepatitis B. Es recomendada para los adolescentes. Si no se han vacunado, no duden en pedirle un consejo a su médico, quien podrá vacunarlos él mismo.

¡El sida me asusta!

El virus del sida o síndrome de inmunodeficiencia adquirida se transmite por las enfermedades sexuales. También se transmite por la sangre. Los toxicómanos, aquellos que se drogan, no deben en absoluto intercambiar sus jeringas. Pues una sola gota de sangre contaminada en la aguja es suficiente para transmitirle el virus a otra persona. Por ello, nunca deben levantar una jeringa utilizada que está en la calle o en el parque. A la menor picadura accidental, corren el riesgo de ser contaminados.

El virus del sida ataca los glóbulos blancos, es decir, las células que defienden nuestro organismo contra todas las infecciones. Las personas infectadas con el sida atrapan numerosas enfermedades infecciosas, pues, no logran defenderse contra los microbios.

¡AÚN NO HEMOS ENCONTRADO LA VACUNA CONTRA EL SIDA!

El sida

En una persona contaminada, el sida no se desata inmediatamente. El virus está presente en la sangre, pero permanece dormido. En ese estado, se dice que la persona contaminada es "seropositiva". Una persona sabe si ha sido alcanzada o no por el sida efectuando un análisis de sangre.

Al contrario de la hepatitis B, todavía no existe ninguna vacuna contra el sida. Y, por el momento, ningún medicamento cura esta enfermedad. En cambio, la triterapia, asociación de varios medicamentos, permite a los enfermos vivir mejor y más tiempo.

El medio más seguro para jamás tener que luchar contra el virus del sida es impidiendo que entre a nuestro cuerpo. Para ello, solo hay una solución: utilizar un preservativo durante las relaciones sexuales.

El condón es mi amigo

El preservativo evita todo contacto directo entre el pene y la vagina. Esta barrera de caucho detiene los virus que pueden estar contenidos en el esperma. También impide a todo microbio pasar de un compañero a otro. El preservativo protege, entonces, contra el sida, la hepatitis B y las ETS. Cuidado, al contrario de lo que a veces se cree, una chica que toma la píldora no está protegida contra las ETS. Le debes pedir a tu pareja que utilice preservativo. No lo olviden: desde la primera relación sexual, tengan la costumbre de utilizar preservativo.

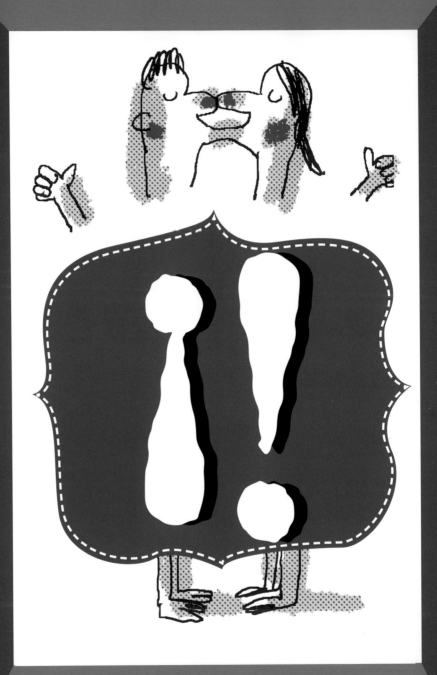

Capítulo

4

La aventura continúa

¡Paciencia, paciencia!

El aprendizaje de la sexualidad se parece a un viaje, con sus descubrimientos, sus temores, sus alegrías y decepciones.

En ese viaje un poco especial, hay que estar dispuesto a descubrir al otro. También es necesario estar listo para dar y recibir. No se afanen; tienen la vida entera para emprender este viaje.

No quemen las etapas. Por querer abandonar muy pronto la infancia, pueden correr el riesgo de decepcionarse. No intenten alcanzar los "mil y un secretos" de los adultos desde el comienzo de su periplo.

Comiencen simplemente su viaje. Poco a poco, con el paso de sus escalas, van a adquirir su propia experiencia, descubrir lo que les da placer, y también lo que le da placer a su pareja. No olviden jamás: la sexualidad es un viaje que siempre se hace en pareja. Para que se desarrolle en la alegría y la ternura, cada cual debe respetar al otro.

¡Hacemos el amor toda la vida, yupi!

Algún día, osarán superar el primer paso. Y harán el amor. Una primera vez. Luego una segunda, y una tercera.

104

Harán el amor a lo largo de toda su vida. Claro, no tendrán relaciones sexuales todos los días de su vida. Durante algunos periodos, que pueden durar semanas o meses, no tendrán relaciones sexuales, porque no tendrán relaciones amorosas, porque estarán ocupados por su trabajo, porque están enfermos o simplemente porque no tienen ganas.

> **NO TENGO GANAS DE HACER EL AMOR. ¿Y ENTONCES?**

105

Adolescente y, más tarde, adulto, su vida sexual dependerá estrechamente de su vida, de sus encuentros, de sus alegrías y problemas. Si bien el sexo desempeña un importante papel en nuestra vida, debemos encontrar un equilibrio entre la sexualidad y nuestra vida cotidiana. Nuestra vida no debe desarrollarse en detrimento de nuestra sexualidad.

Al mismo tiempo, nuestras relaciones sexuales no deben ser un problema que pueda arruinar nuestras vidas.

Las relaciones sexuales nos ayudan a relajarnos. Pero para lograrlo, no deben ser impuestas. Al contrario, deben ser deseadas entre los dos amantes, en una verdadera relación de confianza.

LAS RELACIONES SEXUALES DEBEN HACERNOS FELICES. ¡NO AL CONTRARIO!

¡Cuidado, peligro!

Sentimientos, pasar tiempo juntos, ternura, complicidad, diálogo, respeto al otro: son las palabras esenciales para vivir bien su sexualidad. Por el contrario, si sus relaciones sexuales están marcadas por la amenaza, la violencia, el temor, el asco y la vergüenza deben detener esa situación. La violación, la pedofilia y el incesto son tres crímenes castigados por la justicia.

Incluso si tienes vergüenza de relatar lo que pudiste vivir, incluso si, en el fondo de ustedes mismos, están asqueados por aquello que hicieron, deben hablarlo para poner fin a tu sufrimiento. Para poder vivir de nuevo, para poder vivir, simplemente.

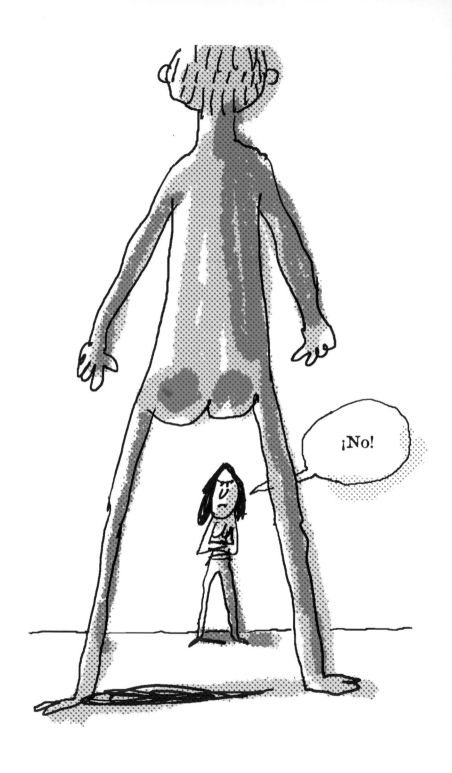

Jamás olviden que ustedes son las víctimas. Y no aquel o aquella que los forzó a tener relaciones que no deseaban.

¡No tengo ganas!

Una persona comete una violación cuando fuerza a otra persona, bajo la amenaza o la violencia, a tener una relación sexual. Desde que haya penetración, hay una violación. Es un crimen sexual muy grave. Toda persona violada puede y debe denunciarlo ante la Policía. Un médico la examinará para constatar la violación. El violador puede pagar una pena de veinte años por una violación cometida a un joven menor de catorce años.

Existen otras formas de violencia sexual que son castigadas con menos severidad por la ley. Si el agresor obliga a una persona a acariciar su sexo, no comete una violación, pero sí una agresión sexual. El agresor puede pagar una pena de siete años de prisión si la agresión es cometida contra un menor de catorce años.

Finalmente, el exhibicionismo, es decir, una persona que muestra su sexo en la calle o en un vehículo de servicio público, comete un acoso sexual. Puede ser arrestado por la Policía, pero no tendrá una larga pena de prisión.

— La aventura continúa —

¡No se hace el amor con los adultos!

Los pedófilos son los adultos que prefieren tener relaciones sexuales con niños o adolescentes. Estos adultos no tienen un comportamiento normal. La pedofilia es, además, castigada por la ley. Los periódicos hablan cada vez más sobre casos de pedofilia. Pues hoy los jóvenes denuncian más fácilmente a esos adultos. Igualmente, la Policía y la justicia luchan de manera más eficaz contra esos criminales.

Los pedófilos son castigados como los violadores: pueden pagar hasta quince años de prisión. Si han tenido relaciones sexuales con menores de catorce años, pagarían hasta veinte años de prisión. La justicia estima, en efecto, que los menores de catorce años no pueden consentir, es decir, estar de acuerdo, tener relaciones sexuales con un adulto.

¡No!

¡No se hace el amor con los padres!

Cuando un padre o una madre tienen relaciones sexuales con sus hijos, comete un incesto. Los periódicos hablan más frecuentemente de incesto entre padre e hija, pero las madres también pueden tener relaciones sexuales con su hijo, y los padres también pueden cometer incesto con su hijo.

111

¡NO HAY QUE CALLARSE FRENTE AL INCESTO!

El incesto es castigado por la ley. No es una situación normal, tampoco es una demostración de amor de un padre por su hijo. Por otro lado, para persuadir a su hijo de tener relaciones o caricias sexuales, el padre que comete un incesto utiliza con frecuencia la amenaza, y a veces la violencia. También puede convencer a su hijo mantener esa relación en secreto. De esta manera, está seguro de que su hijo no lo va a denunciar.

El incesto es una situación muy difícil de vivir para un niño. Ya sea golpeado o no, el niño tiene temor y vergüenza. Sus sentimientos hacia el adulto son confusos. Lo detesta porque sabe en el fondo que esa situación es anormal. Pero también lo ama, porque, a pesar de todo, este adulto que le hace daño sigue siendo uno de sus padres. Además, el niño víctima no sabe siempre a quién hablarle. Teme a las reacciones de los adultos. ¿Quién va a creerle? Sin embargo, es absolutamente necesario comentarlo a un adulto. Si no, la situación puede prolongarse. El niño sufrirá toda su vida. Por ello, existen números de teléfono gratuitos a los cuales pueden llamar si se encuentran en esta situación, o contárselo a un amigo que los ayudará. Los padres incestuosos pueden pagar una pena de hasta veinte años de prisión si han violado a un niño menor de catorce años.

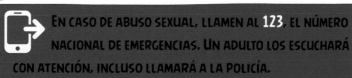

EN CASO DE ABUSO SEXUAL, LLAMEN AL **123**, EL NÚMERO NACIONAL DE EMERGENCIAS. UN ADULTO LOS ESCUCHARÁ CON ATENCIÓN, INCLUSO LLAMARÁ A LA POLICÍA.

113

¡Es tan bello el amor!

El descubrimiento de la sexualidad se desarrolla, afortunadamente, sin una situación drástica. Y en medio del amor. Hacer el amor con la persona que amamos y deseamos por encima de todo es una verdadera alegría. El amor encanta nuestra vida. Cuando se está enamorado, el menor de los gestos cotidianos se vuelve maravilloso. Claro, también sucederá que tendrán relaciones sexuales con una persona que desean, pero que no aman. Esta relación les aportará, seguramente, placer y experiencia, pero jamás esas sensaciones tan particulares les procurarán el amor y el deseo juntos.

Por ello, las relaciones sexuales en una pareja son tan importantes. Quizá pensarán que, con el tiempo, se volverán aburridas. Algunos adultos lo creen: "hacer siempre el amor con la misma persona, ¡qué tedio!". Olvidan que hacer el amor con una persona que conocen bien puede permitir imaginar "juegos eróticos" muy agradables. Y, además, con la experiencia, siempre descubrimos sensaciones y placeres nuevos en nuestra sexualidad.

A los 40 años, no hacemos el amor de la misma forma que a los 18. Por ello, la sexualidad se parece a una verdadera aventura: partimos al descubrimiento de nuestro cuerpo y de nuestros sentimientos, aprendemos a conocer a los otros… y a nosotros mismos. Pues, al hacer el amor con sinceridad, nos revelamos ante el otro, con nuestras fortalezas y debilidades, nuestros

114

deseos y temores. Por eso, la sexualidad nos asusta y nos fascina a la vez…

Entonces, el día que decidan descubrir esta parte íntima de la vida, sean felices. Una larga aventura comienza, con ustedes mismos y con los otros.

La aventura es nuestra